RECUEIL
DE PIECES

Utiles pour l'instruction de l'affaire de la Compagnie des Indes.

ARREST DU CONSEIL D'ÉTAT DU ROI,

Concernant le Commerce de l'Inde.

Du 13 Août 1769.

Extrait des Regiſtres du Conſeil d'État.

LE ROI s'étant fait repréſenter, en ſon Conſeil, les délibérations priſes dans les aſſemblées générales des Actionnaires de la Compagnie des Indes, des 14 & 29 Mars, 3 Avril & 8 du préſent mois, enſemble les mémoires & états de ſituation de ladite Compagnie, dreſſés par les Députés choiſis par leſdits Actionnaires, dans leur aſſemblée du 14 Mars, conjointement avec les Syndics & Directeurs; Sa Majeſté a reconnu que la Compagnie n'a fait juſqu'à préſent aucunes diſpoſitions pour ſe mettre en état d'approviſionner les Iſles de France & de Bourbon, & pour remplir l'obligation que lui impoſe ſon privilége de faire ſans diſcontinuation ſon commerce des Indes: Que ce défaut de précaution ne vient point de la négligence des Syndics & Directeurs, & qu'il eſt la ſuite du manque de fonds dont ils aient pû diſpoſer pour le commerce; mais que depuis la premiere aſſemblée du 14 Mars, les Actionnaires inſtruits de leur ſituation n'avoient préſenté aucuns moyens admiſſibles de ſe procurer les fonds néceſſaires pour pourvoir aux dépenſes des armemens de la préſente année, juſqu'au jour de la derniere aſſemblée, dans laquelle a été lû un Mémoire contenant différens plans d'emprunts, pour l'examen desquels il a été nommé des Députés : Sur quoi Sa Majesté s'étant fait représenter ledit Mémoire, & après l'avoir examiné en son Conseil, a jugé que des trois projets d'emprunt proposés, les deux premiers ne pouvoient être admis, & que l'examen que pourroit mériter le troisième, ainsi que les oppositions qu'il pourroit éprouver de la part des Actionnaires, les discussions qu'elles occasionneroient, & enfin son exécution, dans le cas où il seroit jugé pouvoir être admis, entraîneroient des délais, & absorberoient le tems propre aux expéditions pour l'Inde, en sorte que les Colonies des Isles de France & de Bourbon, & les sujets de Sa Majesté répandus dans les différens comptoirs de l'Inde, seroient exposés à manquer de subsistance & des objets de consommation les plus nécessaires, & qu'il en résulteroit une interruption totale du commerce de la Nation françoise dans l'Inde. A quoi étant nécessaire de pourvoir : Ouï le rapport du sieur Maynon d'Invau, Conseiller ordinaire, & au Conseil royal, Contrôleur général des Finances ; LE ROI ÉTANT EN SON CONSEIL, a ordonné & ordonne ce qui suit :

ARTICLE PREMIER.

L'EXERCICE du privilége exclusif de la Compagnie des Indes, aux Isles de France & de Bourbon, aux Indes, à la Chine, & dans les mers au-delà du Cap de Bonne-espérance, sera & demeurera suspendu jusqu'à ce qu'il en soit, par Sa Majesté, autrement ordonné.

II.

TOUTES les places & comptoirs de l'Inde, continueront d'être régis, comme ci-devant, par les Conseils, sous-Marchands & Employés de la Compagnie, que Sa Majesté a confirmés, en tant que de besoin, dans toutes leurs fonctions, aux mêmes droits, prérogatives & autorité dont ils ont joui jusqu'à présent.

III.

TOUS les sujets de Sa Majesté, pourront librement négocier dans les différentes parties de l'Inde, à la Chine, & dans les mers au-delà du Cap de Bonne-espérance, y envoyer, sur leurs propres vaisseaux, tous effets, argent & marchandises, & faire revenir en France leurs vaisseaux chargés des denrées & marchandises de l'Inde, de la Chine, & de tous les pays au-delà du Cap de Bonne-espérance ; à la charge, par eux, de prendre des passeports qui leur seront délivrés gratuitement & sans frais, lesquels contiendront les noms des Armateurs, des Capitaines & des vaisseaux, le port en tonneaux, & les lieux d'où ils devront être expédiés. Les Capitaines desdits vaisseaux seront tenus de représenter lesdits passeports aux Commandans des Isles de France & de Bourbon, & aux Conseils & Employés des différens comptoirs dans lesquels ils relâcheront : seront au surplus lesdits Armateurs & Capitaines, tenus de se conformer aux réglemens particuliers que Sa Majesté jugera convenables pour l'exercice de ce commerce.

IV.

LES Armateurs qui desireront obtenir lesdits passeports, adresseront à cet effet leurs mémoires, signés d'eux, au Secrétaire d'État ayant le département de la Marine, ou aux Syndics & Directeurs de la Compagnie des Indes; seront lesdits mémoires, sur le champ communiqués aux Députés des villes de commerce à Paris, pour, par lesdits Députés, prendre dans les ports des instructions & renseignemens s'ils les jugent nécessaires, & donner ensuite leur avis sur lesdits mémoires, lesquels avis demeureront attachés à l'original desdits passeports.

V.

LES Armateurs pour le commerce de l'Inde ne pourront faire le retour des vaisseaux & marchandises, provenant dudit commerce, que dans le port de l'Orient. Dans le cas où ils seroient obligés, par quelque accident, d'entrer dans d'autres ports du Royaume, ils ne pourront y débarquer leurs marchandises, & ils seront tenus de se rendre dans ledit port de l'Orient: Et si le vaisseau n'étoit pas en état de reprendre la mer, les marchandises seront déposées dans un magasin, sous la garde des Commis & Préposés de l'Adjudicataire des Fermes, d'où elles seront transportées à l'Orient, sous acquit à caution.

V I.

TOUTES les marchandises provenant du commerce de l'Inde, seront assujetties, à l'entrée du Royaume, aux droits portés au tarif que Sa Majesté fera incessamment arrêter en son Conseil; lesquels droits seront payés indépendamment de ceux ci-devant établis.

V I I.

LES vaisseaux, vivres & marchandises qui seront destinés pour le commerce de l'Inde, jouiront de tous les avantages, exemptions & entrepôts accordés pour le commerce des Colonies de l'Amérique, en remplissant les formalités prescrites par les réglemens, & notamment par les Lettres-patentes du mois d'Avril 1717; & les armemens ne pourront être faits que dans le port de l'Orient, & dans ceux permis pour le commerce desdites Colonies.

V I I I.

LES Syndics & Directeurs actuels continueront d'administrer, comme ci-devant, toutes les affaires de la Compagnie des Indes; Sa Majesté se réservant de statuer sur le surplus de ce qui intéresse les Actionnaires, après qu'elle se fera fait rendre compte des observations que feront les Députés, qu'ils en ont chargés par leur délibération du 8 de ce mois. FAIT au Conseil d'État du Roi, Sa Majesté y étant, tenu à Compiégne le treize Août mil sept cent soixante-neuf. *Signé*, PHELYPEAUX.

Du 19 Août 1769.

RÉCIT

FAIT par un de MESSIEURS *aux Chambres assemblées, au sujet de l'Arrêt du Conseil du 13 Août présent mois.*

M.

LE zele actif & vigilant des Magistrats doit toujours avoir l'œil ouvert sur tout ce qui peut tendre à altérer la tranquillité des citoyens, à troubler l'ordre public, dont le maintien leur est confié, & porter atteinte aux loix dont ils sont les dépositaires; aussi n'a-t-on jamais vu la Compagnie cesser de s'occuper avec soin de ces objets importans. L'Imprimé que je prends la liberté de lui déférer, m'a paru également contraire à l'ordre & à la tranquillité publique, & aux loix qui les assurent.

Cet Imprimé a pour titre : *Arrêt du Conseil d'État du Roi, concernant le Commerce de l'Inde, en date du 13 Août 1769.* Je demande la permission d'en faire la lecture à MESSIEURS.

[*Lecture faite de l'Arrêt du Conseil, celui de* MESSIEURS *qui fait le Récit continue.*]

Il est facile, M., de sentir que cet Imprimé, si ses dispositions étoient exécutées, porteroit le préjudice le plus considérable à un grand nombre de citoyens que le Gouvernement a cru devoir depuis long-tems rassembler en une seule & même Compagnie, sous le nom de *Compagnie des Indes*, pour faire avec plus de succès un commerce qu'il a regardé comme avantageux à l'État : Compagnie qui s'est formée sous l'autorité de la loi, & qui, depuis sa création, subsiste sous sa sauve-garde.

Sans vouloir prévenir les réflexions qui pourront naître sur cette question qu'on paroit aujourd'hui vouloir faire remettre en problême, quoiqu'indépendamment de beaucoup de raisons qu'on pourroit alléguer pour la défense de la Compagnie des Indes, on pût la regarder comme décidée en faveur de cette Compagnie, par le fait même de son existence depuis un très-grand nombre d'années, & plus encore par les glorieuses marques de protection dont elle n'a cessé, depuis son établissement, d'être honorée par le Roi; je veux dire, la question de savoir s'il est plus avantageux pour l'État que le commerce des Indes se fasse par une compagnie que par des particuliers ; je me contenterai d'observer que, quand bien même on ne regarderoit pas la maniere actuelle de faire le commerce des Indes comme la plus avantageuse possible à l'État, l'Imprimé que je viens de prendre la liberté de déférer à la Compagnie, n'en mériteroit pas moins d'exciter son zele & sa réclamation, comme contraire aux formes sagement établies dans cette Monarchie, par lesquelles le Souverain manifeste à ses sujets sa volonté légale : En effet, cet Imprimé contient les dispositions d'une loi sans en avoir le caractere ; il anéantit ce qui étoit porté par plusieurs Édits ou Déclarations enregistrés en la Cour ; il permet ce qui étoit défendu par ces loix, & défend ce qu'elles ordonnoient, puisqu'il suspend le privilége exclusif du commerce des Indes, qui avoit été accordé à la Compagnie des Indes par nombre d'Édits enregistrés, & permet à tous les sujets du Roi de négocier librement dans les différentes parties de l'Inde, ce qui avoit été expressément défendu par ces mêmes Édits.

On pourroit encore relever plusieurs inconvéniens qui résultent de l'Imprimé dont je viens de faire la lecture, qui n'échapperont point, sans doute, aux lumieres supérieures de MESSIEURS, & qui se développeront dans le cours des opinions ; mais ceux que je viens d'avoir l'honneur de présenter à MESSIEURS, ont paru suffisans à Messieurs de la deuxiéme Chambre des Enquêtes, pour mériter de fixer l'attention de la Compagnie, & ils m'ont chargé, M., de vous prier de mettre en délibération ce qu'il convient de faire à ce sujet.

SUR QUOI, la matiere mise en délibération :

LA COUR a arrêté qu'il sera nommé des Commissaires pour aviser au parti à prendre au sujet de l'Imprimé portant pour titre : *Arrêt du Conseil, concernant le Commerce de l'Inde, du 13 Août 1769* ; lesquels s'assembleront en la Grand'Chambre le lundi 21 du présent mois, cinq heures de relevée, à cause du mauvais état de la Chambre Saint-Louis, & qu'à cette assemblée seront tenus de se rendre les Syndics & Directeurs actuels de la Compagnie des Indes, les Députés de ladite Compagnie, nommés dans l'assemblée du 14 Mars dernier, pour examiner les affaires de la Compagnie, ensemble les Députés du Commerce de Paris, Lille, Rouen, Marseille, Nantes, Montpellier, Amiens, Saint-Domingue, la Guadeloupe, la Martinique, Bordeaux, Lyon, Bayonne, la Rochelle & Saint-Malo, pour être entendus sur le contenu audit Arrêt du Conseil, en la forme & de la maniere qu'il fut pratiqué le 16 Juin 1719, & qu'il sera dressé Procès-verbal de ce qui sera dit dans ladite assemblée par lesdits Syndics, Directeurs & Députés.

ARRÊTÉ, en outre, que lesdits Commissaires rendront compte de leur travail le mardi 22 de ce mois, dix heures du matin, aux Chambres assemblées.

PROCÈS-VERBAL

De ce qui s'est passé au Parlement le Lundi 21 Août 1769, de relevée.

En la Grand'Chambre, attendu l'état de la Chambre Saint-Louis.

Monsieur le Premier Président, Messieurs les Présidens de la Cour, Messieurs les Commissaires de la Grand'Chambre, & ceux des cinq Chambres des Enquêtes & Requêtes, ayant pris leur séance, en la maniere accoutumée.

M. le Premier Président a dit que le Procureur Général du Roi avoit fait avertir, tant les Syndics & Directeurs actuels de la Compagnie des Indes, que les Députés de ladite Compagnie, nommés dans l'assemblée du 14 Mars dernier, ensemble les Députés du Commerce de Paris, Lille, Rouen, Marseille, Nantes, Montpellier, Amiens, Saint-Domingue, la Guadeloupe, la Martinique, Bordeaux, Lyon, Bayonne, la Rochelle, & Saint-Malo, pour être entendus sur le contenu en l'Arrêt du Conseil du 13 de ce mois, concernant le Commerce de l'Inde, lesquels ont comparus; savoir, de Clonard, de Bruny, & du Vaudier, Syndics de la Compagnie des Indes, M. le Duc de Duras étant absent; Lemoyne, de Méry d'Arcy, De Rabec, Risteau, & de Sainte-Catherine, Directeurs de ladite Compagnie; & Duval d'Esprémenil, L'héritier, Julien, Dupan, de la Rochette, & Jaume, Députés de ladite Compagnie des Indes; Moracin & Panchot étant absens, & Marion-Simian, Bernier de la Richardiere, Joubert, L'héritier, du Bergier, Dubucq, de Pernon, du Livier, & Sureau, Députés du commerce de Paris, Marseille, Nantes, Montpellier, Saint-Domingue, Bordeaux, la Martinique, Lyon, Bayonne, & la Rochelle; de Lescluse de la Chaussée, Député de Lille: Béhic, Député de Rouen; Parent, d'Amiens, & Joly de Pontcadeuc, de Saint-Malo, aussi abſens. Leſquels ſuſnommés mandés pour ſe trouver en la Cour cejourd'hui cinq heures de relevée, ſucceſſivement arrivés & placés dans le parquet des Huiſſiers, ont eu communication par le Greffier de la Grand'Chambre, de l'arrêté de la Cour du 19 de ce mois.

Enſuite M. le Premier Préſident a demandé à MM. les Commiſſaires s'ils ne jugeoient pas à propos de faire d'abord entrer les Syndics & Directeurs & les Députés de la Compagnie des Indes, qui étoient au parquet avec les Députés du commerce.

La propoſition ayant été agréée, ils ont été mandés.

Eux entrés, & placés derriere le Barreau, debout & découverts, M. le Premier Préſident leur a dit que la Cour les mandoit pour être entendus ſur le contenu en l'Arrêt du Conſeil du 13 de ce mois, concernant le commerce de l'Inde, & leur a demandé quelle étoit la ſituation de la Compagnie en France, par rapport à ſes engagemens juſqu'à la fin de l'année, indépendamment des dépenſes à faire pour la continuation de ſon commerce.

A l'inſtant ledit de Bruny, l'un des Syndics de la Compagnie des Indes, prenant la parole, a dit:

M., avant que d'avoir l'honneur de ſatisfaire à votre demande, je prie MM. les Adminiſtrateurs & Députés, de vouloir bien écouter attentivement mes réponſes, parce que mon intention, comme mon devoir, étant de dire la vérité à la Cour, je deſire, en cas que ma mémoire me trompe ſur quelques faits, qu'ils veuillent bien me rectifier.

La Compagnie a beſoin juſqu'à la fin de cette année d'une ſomme de neuf millions & tant de cent mille livres, pour ſatisfaire à ſes engagemens, indépendamment des ſommes qui ſont néceſſaires à la continuation de ſon commerce : j'obſerverai que nos derniers états ne portoient qu'une ſomme de ſept millions; mais il eſt ſurvenu des traites des Iſles de France & de l'Orient, qui étoient inattendues, & la Compagnie a éprouvé une non-valeur dans ſes dettes actives. Il faut cependant ajouter que la ſomme excédante de deux millions & tant de cent mille livres, ne change qu'en partie le fonds de la ſituation réelle de la Compagnie, parce que la plus grande portion de cette ſomme étoit portée dans nos états comme payable au mois de Février; ainſi ce n'eſt qu'une anticipation de payement.

Interrogé, quels moyens peut avoir la Compagnie de ſatisfaire à ſes engagemens.

A répondu, que ces moyens dépendent abſolument du ſuccès des plans d'emprunt propoſés ou à propoſer, ou de tel autre parti que pourroient adopter MM. les Actionnaires.

Interrogé, quelle eſt la ſituation de la Compagnie par rapport à ſes engagemens dans le cours de l'année prochaine, indépendamment des dépenſes à faire pour la continuation de ſon commerce.

A répondu, que la Compagnie, indépendamment des dépenſes à faire pour ſon commerce, a beſoin de 5, 100, 000 liv. en ajoutant ce qui s'en défaudroit, si le produit de la vente prochaine, estimé par l'expérience des ventes passées à 22, 620, 000 liv. étoit moins considérable, comme le font craindre les troubles réels que la Compagnie éprouve dans l'exercice de son commerce dans les différentes parties de l'Inde, de la part d'une Nation concurrente.

Interrogé, quels moyens a la Compagnie d'acquitter ses engagemens dans le cours de cette année.

A dit que sa réponse est la même que sur la seconde question.

Interrogé, si la Compagnie aura des fonds dans l'Inde après le départ des vaisseaux qui doivent revenir l'année prochaine.

A répondu, que la Compagnie n'aura qu'un fonds présumé de 6 ou 700, 000 liv. à la Chine ; présumé, parce que l'espoir de ce fonds n'est appuyé que sur l'autorisation que la Compagnie a donnée au comptoir de faire un emprunt proportionnel à cette somme ; qu'elle n'aura pareillement qu'un fonds de 6 à 700, 000 liv. à Pondichery, qui peut avoir été employé à l'acquittement des dettes de la Compagnie.

Que quant aux fonds étans dans le Bengale, les états de la Compagnie formés sur ceux reçus du comptoir de Chandernagor, ont porté le fonds restant dans ce comptoir à la somme de sept millions & tant de cent mille livres ; mais qu'une lettre reçue du Conseil de Chandernagor par le dernier vaisseau qui vient d'arriver, contrarie absolument ce fait important ; qu'on n'a connoissance de cette lettre que d'hier matin, & qu'on a employé toute la journée à l'éclaircir, sans avoir pû le constater entierement, qu'il faut donc en attendre la vérification des premiers états qu'on recevra, & qu'on ne peut se promettre que dans les mois de Novembre ou Décembre prochain.

Interrogé, si la Compagnie aura des dettes à acquitter dans l'Inde.

A répondu, que la Compagnie a encore pour neuf ou dix millions de dettes à acquitter dans l'Inde & aux Isles de France & de Bourbon, qu'on en peut mettre le détail sous les yeux de la Cour, si elle l'ordonne.

Interrogé, qu'elle somme seroit nécessaire à la Compagnie pour continuer son commerce tant cette année que les suivantes.

A répondu, que la Compagnie a fixé par ses états la somme nécessaire à la continuation de son commerce à 32, 700, 000 liv. mais qu'elle a observé en même tems qu'il faudroit ajouter à cette somme ce qu'on recevroit de moins sur la dette du Roi, montante à treize ou quatorze millions ; que comme Sa Majesté a fait déclarer à la Compagnie qu'elle ne lui payeroit cette somme qu'en contrats à quatre pour cent, il s'ensuit que la somme totale à emprunter sera de quarante-cinq à quarante-six millions, auquel emprunt servira le contrat qui sera donné par Sa Majesté.

Interrogé, si la Compagnie a des fonds libres qu'elle puisse hypothéquer pour cet emprunt, sans affecter le capital des actions, réservé par l'Édit de 1764.

A répondu, que la Compagnie n'a que 240, 000 liv. de rente libre sur son contrat, & que les engagemens antérieurs à l'Édit d'Août 1764 qui lui restent à acquit-

ter,

ter, abforberont, & au-delà, cette fomme; que la Compagnie ne peut offrir de fûreté, & non d'hypothéque, que fur l'extinction fucceffive des trois millions de rente viagere hypothéquées fur ce même contrat, ou fur le capital de ces mêmes trois millions, que la Compagnie a eftimé par évaluation fur le pied du denier dix, à trente millions; que les autres biens de la Compagnie confiftent dans fes dettes actives, meubles & immeubles, vaiffeaux, & autres effets, ainfi qu'ils font défignés dans fes états.

Interrogé, fi la Compagnie eft en état d'approvifionner cette année les Ifles de France & de Bourbon, & les différens comptoirs de l'Inde, & de continuer fon commerce.

A répondu, que la Compagnie n'eft pas dans le cas, fans le fuccès d'un emprunt, ou de tel autre moyen qui lui procurera de l'argent, de faire l'approvifionnement complet des Ifles de France & de Bourbon; qu'elle a cependant à l'Orient, pour cette fourniture, des marchandifes qui font reftées à terre de la derniere expédition, & qu'elle s'eft procuré dans cette année une partie de vins de Bordeaux, de Maderes, & des viandes falées propres à cet approvifionnement; que quant à l'approvifionnement des comptoirs de l'Inde, & à la continuation de fon commerce, la Compagnie (toujours fes engagemens acquittés) aura befoin de fommes proportionnelles aux envois & aux expéditions qu'elle fera.

Enfuite M. le Premier Préfident a dit qu'un de MESSIEURS demandoit ce que l'on étoit dans le cas de penfer des différens calculs qui ont été mis dans un livre de l'*Abbé Morellet*, & fi les calculs étoient exacts.

A répondu, que la Compagnie a trouvé dans l'ouvrage imprimé, concernant la fituation actuelle de la Compagnie dans les Indes, le réfultat de fes propres opérations, qu'il y a même un des états qui s'y trouvent inférés, qui fait mention de leurs fignatures.

M. le Premier Préfident lui a dit enfuite, qu'un autre de MESSIEURS demandoit de combien étoient les cargaifons qu'on envoye dans les Indes tous les ans.

A répondu, que les expéditions paffées ont été plus ou moins fortes, mais que le plan d'expédition annuelle que la Compagnie a préfenté pour proportionner fon commerce à la confommation du Royaume, & aux dépenfes totales qu'il comporte, eft de douze vaiffeaux, les fonds en efpeces de dix à douze millions, ceux en marchandifes de fix millions, à quoi il faut ajouter les frais d'armement & conftruction, ce qui porte la dépenfe générale d'une expédition, de dix-huit à vingt millions; que ce plan a paru à la fois conforme au fervice que le privilége doit à l'État, & à l'intérêt des Actionnaires qui exploitent ce commerce.

De combien étoit la créance que la Compagnie avoit fur le Roi.

A répondu, que cette créance, comme il a été dit ci-deffus, eft de treize à quatorze millions.

Combien, dans ces quatorze millions, il y en avoit pour les Ifles de France & de Bourbon.

A dit, que ſuivant les états que la Compagnie a reçus, il y a pour 976, 000 liv. de fournitures faites au Roi dans leſdites Iſles ; qu'il faut ajouter à cette ſomme les fournitures faites à Sa Majeſté dans le port de l'Orient, le fret dû à la Compagnie pour le tranſport des troupes de Sa Majeſté auxdites Iſles, pour celui de différens effets qu'on a fait paſſer aux mêmes Iſles, que ces derniers objets compoſent une ſomme de trois ou quatre millions ; que la ſomme totale de treize à quatorze millions eſt encore compoſée des droits par tonneau accordés par le Roi à la Compagnie, & qui ſe trouvent lui être acquis juſqu'à ce jour ; & enfin du prix des meubles & immeubles remis au Roi aux Iſles de France & de Bourbon, lequel prix la Compagnie a porté dans ſes états en prétentions ſur Sa Majeſté, pour une ſomme de ſept millions, après avoir fait la diſtinction dans ſes états, des bâtimens particuliers ou patrimoniaux, des bâtimens publics & des bâtimens mixtes, & avoir remis ſans répétition à Sa Majeſté les bâtimens publics, & n'avoir porté en demande que le prix en entier des bâtimens particuliers ou patrimoniaux, & la moitié des bâtimens mixtes.

A combien montoit la ſomme liquide dans la dette du Roi.

A répondu, que la partie liquide dans cette dette ſe monte à quatre millions neuf cens & tant de mille livres; ſavoir, pour les fournitures faites à l'Orient & aux Iſles de France & de Bourbon, & pour la partie de droits par tonneau, dont les états ſe trouvent arrêtés juſqu'à ce jour.

Combien il y avoit en prétentions dans cette ſomme.

A répondu, qu'il y a environ neuf millions en prétentions, ainſi qu'il a été expliqué.

Si les trente-trois millions qui manquoient rempliroient les engagemens de cette année & de l'année prochaine, & fourniroient aux armemens deſdites deux années.

A répondu, que cette ſomme, conformément aux états de la Compagnie, ſuffira pour tous ces objets, ſi l'on ſupplée en même tems celles portées dans l'actif de la Compagnie, qui pourroient n'être pas reçues dans leur quotité & à leurs échéances, telles que la dette du Roi & autres objets.

Si, après ces deux années-ci, la Compagnie pourroit continuer ſon commerce ſans de nouveaux emprunts.

A répondu, que la Compagnie en rempliſſant tout ce qui eſt porté dans la précédente réponſe, pourra continuer ſon commerce ſans de nouveaux emprunts, à moins qu'il ne ſurvienne des cas imprévus & extraordinaires, qui ne peuvent être dans la ſpéculation uſitée du commerce.

Après quoi, M. le Premier Préſident a dit, un autre de MESSIEURS demande ſi vous n'avez rien à dire ſur l'Arrêt du Conſeil du 13 de ce mois, concernant le commerce de l'Inde.

A répondu, nous nous ſoumettons à cet égard à la ſageſſe du Gouvernement & de la Cour.

Si la Compagnie eſt en état & à tems de faire ſes envois cette année dans les Iſles de France & de Bourbon, & par quelles voies on pourra les faire.

A répondu, si la Compagnie a des secours d'argent, le tems des envois à faire aux Isles de France & de Bourbon n'est pas passé, & elle peut remplir ce service.

Quel est le plan d'emprunt que la Compagnie imagine pouvoir réussir, & subvenir à sa situation actuelle.

A dit; ce seroit trop présumer de soi, que d'assigner dans les circonstances présentes quel est le plan d'emprunt qui pourroit avoir un succès assuré. Les Députés & Administrateurs en ont proposé un extrait de divers autres plans qui leur ont été remis; il en a été proposé trois dans l'assemblée du 8 Août, auxquels les Administrateurs, anciens & nouveaux Députés, ont donné toute leur attention. On en propose journellement; les Députés & Administrateurs présens ne peuvent répondre que de leur zele pour la perfection & l'admission de ces projets.

Ensuite M. le Premier Président a demandé à tous les autres Syndics, Directeurs & Députés de la Compagnie des Indes, s'ils étoient du même avis, & tous unanimement ont répondu qu'oui.

Et se sont tous retirés au parquet des Huissiers.

Eux retirés, M. le Premier Président a proposé de faire entrer les Députés du commerce, lesquels mandés & entrés, se sont pareillement placés derriere le Barreau, debout & découverts, & M. le Premier Président leur ayant dit aussi le motif de leur mandat, il leur a demandé:

Si le commerce de l'Inde ne peut être exercé utilement que par une Compagnie ayant un privilége exclusif.

A quoi, ledit Marion Député du commerce de la ville de Paris, prenant la parole, a répondu: Cette question n'a jamais été agitée parmi nous, & nous ne pouvons avoir d'opinion fixe à cet égard.

A lui représenté, qu'il n'est pas possible qu'il n'ait une façon de penser générale sur le commerce exclusif de la Compagnie des Indes.

A répondu: Les Députés du commerce ont toujours considéré les priviléges exclusifs comme préjudiciables, & aussi contraires au bien de l'État qu'à celui des particuliers, dont ils gênent l'industrie; nous n'avons jamais jetté des regards attentifs sur le privilége de la Compagnie des Indes dans son principal objet, mais nous avons attaqué différentes de ses branches, telles que l'importation des cafés, la traite du castor, & le commerce aux côtes de Guinée, ces branches ne subsistent plus; mais faut-il détruire le privilége lui-même? C'est une question nouvelle, sur laquelle, s'il falloit une réponse dans le moment, nos principes constans, & le préjugé de l'Arrêt du 13 de ce mois, pourroient la déterminer.

Interrogé, si les Négocians particuliers se livreroient à ce genre de commerce.

A répondu, que le commerce de la Compagnie des Indes présentoit des objets attrayans, & qu'il est naturel de présumer que tous les Négocians s'y livreront.

Interrogé, si ce commerce pouvoit être exercé, avec avantage pour l'État, par des Négocians particuliers.

A répondu, que plus la concurrence seroit grande, plus le commerce des particuliers seroit avantageux à l'État ; elle produira une exportation plus animée, une importation plus abondante, une navigation plus active & plus étendue.

Ensuite M. le Premier Président a dit, qu'un de MESSIEURS demandoit, si les particuliers qui entreprendroient ce commerce auroient des fonds suffisans pour le faire, & si les dépenses énormes nécessaires pour l'exercer y seroient un obstacle.

A répondu: Il est à présumer que le commerce est assez riche pour mettre des fonds dans des entreprises qui présentent un profit considérable ; l'économie saura compenser les dépenses que peut exiger ce commerce.

Si, malgré ces espérances, le commerce ne réussissoit pas, qu'en arriveroit-il?

A répondu: Les Députés ne peuvent répondre des événemens.

M. le Premier Président a dit ensuite qu'un autre de MESSIEURS demandoit, si, en tems de guerre, des particuliers pourroient soutenir ce commerce aussi facilement qu'une Compagnie.

A répondu, que cela dépend de la protection du Gouvernement, & n'est point de la compétence des Députés.

Si les permissions particulieres & les passeports ne seroient pas aussi préjudiciables à la liberté que le privilége exclusif.

A répondu: Les Députés n'ont eu connoissance de l'Arrêt du Conseil que par sa publicité, il ne leur a été adressé aucune instruction en conséquence, que la disposition de l'Arrêt qui les commet. L'obligation imposée aux particuliers de prendre des passeports, a pû paroître nécessaire au Gouvernement pour prévenir une révulsion trop subite, & empêcher que la concurrence la plus grande qu'on desire établir, n'ait de fâcheux effets dans son commencement.

Sur la réponse faite par l'ancien des Députés, celui de MESSIEURS qui avoit prié M. le Premier Président de faire la demande, ayant observé qu'il ne répondoit pas à la question, qui étoit de savoir si lesdites permissions particulieres ne nuiroient pas au bien du commerce.

A répondu, que ces permissions ne peuvent, nuire lorsqu'elles seront distribuées avec prudence & sagesse.

Celui de MESSIEURS qui venoit de faire cette observation, ayant prié M. le Premier Président de demander s'il n'y a pas lieu de craindre que la concurrence dans l'Inde ne produisit une augmentation sur le prix des denrées d'importation & sur celles d'exportation, & M. le Premier Président ayant fait cette demande,

A répondu: La concurrence doit produire naturellement cet effet, mais l'État en recevra plutôt avantage que préjudice, l'importation sera plus considérable, & l'exportation plus abondante.

Après quoi, M. le Premier Président a dit, qu'un autre de MESSIEURS demandoit s'il n'estimoit pas que le commerce fait par les particuliers seroit plus actif que celui fait par une Compagnie.

A répondu : L'empreſſement que nous avons ſuppoſé aux particuliers, fournit la réponſe à cette queſtion.

A lui obſervé par celui de MESSIEURS qui avoit prié M. le Premier Préſident de lui faire la précédente queſtion, que le commerce des Colonies de l'Amérique ne devoit pas être aſſimilé à celui de l'Inde, parce que les retours de l'Amérique étoient beaucoup plus prompts.

A répondu : Nous ne l'aſſimilons pas, le commerce de l'Inde préſente des bénéfices beaucoup plus conſidérables que ceux du commerce de l'Amérique, & cette différence dédommage amplement de la longueur & des riſques du voyage.

Enſuite M. le Premier Préſident a demandé à tous les autres Députés s'ils étoient du même avis, & tous ayant unanimement répondu qu'oui, ils ſe ſont retirés.

Du Mardi 22 Août 1769, dix heures du matin, aux Chambres aſſemblées.

CE jour, à l'iſſue de la grande Audience, toutes les Chambres aſſemblées, ſuivant l'indication du 19 de ce mois, M. le Premier Préſident a dit que Meſſieurs les Commiſſaires nommés par l'arrêté du 19 du préſent mois, s'étoient aſſemblés hier en exécution dudit arrêté ; que les Syndics, Directeurs & Députés de la Compagnie des Indes, ainſi que les Députés du commerce, y avoient été entendus, & que MESSIEURS alloient entendre la lecture du Procès-verbal de ladite aſſemblée.

Lecture faite dudit Procès-verbal, & la matiere ſur ce miſe en délibération :

LA COUR a arrêté, qu'il ſera fait au Roi de très-humbles & très-reſpectueuſes Repréſentations, & que pour en fixer les objets, il ſera nommé des Commiſſaires, qui s'aſſembleront Samedi prochain 26 du préſent mois, en l'Hôtel de M. le Premier Préſident, ſix heures de relevée.

TRÈS-HUMBLES ET TRÈS-RESPECTUEUSES REPRÉSENTATIONS DU PARLEMENT AU ROI,

Sur l'Arrêt du Conseil du 13 Août 1769, concernant la Compagnie des Indes.

Arrêtées en Parlement le 31 Août 1769. faites au Roi de vive voix le 3 Septemb. 1769 par M. le Premier Président, deux de MM. les Présidens du Parlement présens.

SIRE,

VOTRE Parlement toujours occupé à veiller sur tout ce qui peut toucher les intérêts indivisibles de VOTRE MAJESTÉ, & de ses Sujets, n'a pû voir avec indifférence l'agitation qu'a excitée dans le public l'Arrêt du Conseil du 13 Août dernier.

Votre Parlement, à qui VOTRE MAJESTÉ a confié la manutention des loix, ne peut voir, SIRE, sans réclamation, qu'on donne atteinte, par des actes fans forme, & que Votre Parlement ne peut reconnoître, à des établissemens publics, fondés fur des loix dûement vérifiées. Le renverfement de ces établiffemens met en péril la propriété & la fortune d'un très-grand nombre de familles. Tel eft, SIRE, le premier objet qui a allarmé Votre Parlement.

Sans pénétrer les motifs qui ont pû déterminer VOTRE MAJESTÉ, Votre Parlement la fuppliera très-inftamment & très-refpectueufement de jetter un coup d'œil attentif fur les hautes & importantes confidérations qui ont déterminé le feu Roi, dans le moment où fon Royaume étoit le plus tranquille & le plus floriffant, d'après les confeils éclairés des plus grands génies de fon fiécle, à élever l'édifice de la Compagnie des Indes: Ces motifs nobles & intéreffans ont été expofés, SIRE, dans l'Édit de création de 1664, & rappellés dans toutes les loix par lefquelles cette Compagnie a été fucceffivement foutenue & protégée.

Elle préfente, SIRE, dans le point de vûe général de fon exiftence, le magnifique projet de porter la gloire du nom François, & la puiffance de VOTRE MAJESTÉ, jufqu'aux extrémités du Monde. Dans les détails de fa compofition, tout refpire l'amour de la patrie, l'honneur de la Nation; tout tend à procurer l'augmentation du commerce, l'abondance des matieres les plus précieufes, la communication de biens entre toutes les Nations; toutes fes opérations attirent dans le Royaume l'argent de l'Étranger, & procurent dans l'intérieur de l'État une circulation d'efpeces plus active & plus abondante. Les Arfenaux de la Compagnie font partie, SIRE, des Arfenaux de l'État; fa marine a fourni des fujets diftingués à Votre marine; fes vaiffeaux font toujours prêts à foutenir les droits de la Souveraineté, dont il a plû à VOTRE MAJESTÉ confier l'exercice & la défenfe à la Compagnie dans une partie du Monde.

Les différentes fecouffes que la Compagnie a éprouvées, ont été occafionnées, SIRE, moins par les variations de fon commerce, que par les guerres que l'État a eu à fupporter. Sa fituation actuelle eft une fuite de la fituation fâcheufe des finances de l'État, & peut-être l'effet de l'impreffion de l'autorité qui a toujours dirigé, & fouvent ordonné fes opérations.

Dans le cas où il plairoit à VOTRE MAJESTÉ, SIRE, s'écarter des vûes anciennes, dont l'expérience de plus d'un fiécle, & l'exemple de toutes les Nations Européennes, fembleroient juftifier la fageffe, Votre Parlement, fupplieroit VOTRE MAJESTÉ de ne point adopter les difpofitions particulieres de l'Arrêt du Confeil du 13 Août dernier.

Le texte de l'Article IV détruiroit la liberté que l'Article III accorde à tous les fujets de VOTRE MAJESTÉ de faire le Commerce des Indes: Cet Article paroît ne préfenter autre chofe que la fubftitution de protégés particuliers & puiffans à une Compagnie légale; il impoferoit au commerçant une forte d'efclavage, qui anéantiroit tout commerce.

Si le commerçant étoit obligé d'adresser des Mémoires au Ministre, de lui déclarer le secret de sa spéculation, de communiquer ses projets aux Députés du Commerce, & par eux à tous les commerçans du Royaume, ce seroit, SIRE, substituer une inquisition véritable à la liberté du commerce : Ces écrits, Ces lettres, Ces communications, Ces consultations, Ces renvois, dont on ne connoît que trop les longueurs, sont inconciliables avec la promptitude & le secret des opérations du commerce.

Dans ce commerce, SIRE, où on est obligé de faire deux envois à l'extrémité du Monde avant d'avoir reçu les premiers retours, il faudroit que le commerçant qui se proposeroit de faire un armement, eut, non-seulement l'assurance d'une protection présente, mais encore la certitude qu'il auroit la même protection pour l'année qui suivroit son premier envoi.

Ce commerce, SIRE, exigeroit une correspondance assurée dans l'Inde pour la réception de l'armement arrivant d'Europe, & le chargement des vaisseaux repartans pour la France.

Il n'y auroit plus rien de certain, si la volonté d'un Ministre, ou les vûes intéressées d'un subalterne, pouvoient décider du sort de ces opérations importantes.

Il ne pourroit donc y avoir que les personnes assurées d'une protection persévérante, qui entreprendroient ce commerce.

Il importe, SIRE, à tous ceux qui ont part à l'administration de l'État, d'écarter promptement toute idée qui pourroit servir de prétexte aux préjugés que la malignité & la calomnie ne peuvent manquer d'accréditer : S'ils veulent servir utilement VOTRE MAJESTÉ & la patrie, il leur importe de se prémunir à jamais eux-mêmes contre l'avidité, l'avarice, les importunités, & les surprises de ceux qui les environnent.

Des permissions ainsi accordées à des protégés, seroient, SIRE, le principe du monopole, & le monopole porte toujours le coup le plus funeste au commerce.

Enfin, la disposition de l'Article IV, tel qu'il est énoncé, tendroit à détruire d'une main ce que l'on paroît vouloir édifier de l'autre.

L'imposition annoncée par l'Article VI de l'Arrêt du Conseil, seroit encore, SIRE, un objet d'effroi qui allarmeroit le commerçant, par sa surcharge & l'incertitude de sa fixation.

La multiplicité des Impositions, sous lesquelles les peuples gémissent, sembleroit leur promettre de n'en plus voir créer de nouvelles. Ces Impositions seroient superflues, si les dépenses de Souveraineté dont le trésor de l'État est chargé pour les possessions de VOTRE MAJESTÉ au-delà du Cap de Bonne-espérance, étoient dirigées avec économie.

Votre Parlement, SIRE, ne cessera jamais de supplier très-instamment VOTRE MAJESTÉ, d'ordonner que cette économie si nécessaire soit mise en usage dans tous les différens départemens de dépenses.

VOTRE

VOTRE MAJESTÉ sera suppliée, SIRE, de se faire représenter le tableau de ce qu'il en coûte à l'État depuis deux ans pour l'entretien des Isles de France & de Bourbon, & de le comparer, d'une part, avec ce que la Compagnie dépensoit annuellement pour ces places, & d'autre part, avec ce que la Compagnie demandoit à VOTRE MAJESTÉ pour payer annuellement, à sa décharge, la dépense de ces mêmes établissemens. VOTRE MAJESTÉ pourra, SIRE, juger par la combinaison de ces différens états, du poids énorme de dépenses que l'État auroit à supporter, s'il étoit chargé d'entretenir les fortifications de Pondichery, & les autres places nécessaires pour le commerce de l'Inde.

L'État se trouveroit encore chargé, SIRE, du payement des Gouverneurs & autres Officiers généraux & particuliers, dont on croiroit convenable, pour la gloire de VOTRE MAJESTÉ & pour l'honneur de la Nation, de ne pas restraindre le nombre, & dont les services seroient payés plus cherement que ceux des officiers employés par la Compagnie des Indes.

On avoit jugé si utile, SIRE, d'exempter le commerce de la Compagnie de toute imposition, que VOTRE MAJESTÉ avoit accordé à la Compagnie un bénéfice par chaque tonneau, pour donner à son commerce plus de force & d'activité : Dans le nouveau systême, l'imposition n'auroit d'autre effet, SIRE, que de surcharger le commerçant François, de diminuer par-là le commerce national, & de favoriser la contrebande par l'introduction des marchandises venant par l'Étranger, qui se vendroient à beaucoup plus bas prix que les marchandises qui seroient sujettes dans le Royaume au payement de nouveaux droits. Il importe fort au commerce d'être préservé de la crainte de toute imposition nouvelle.

La restriction portée par l'Article V au seul port de l'Orient, pour le débarquement des marchandises provenant du commerce de l'Inde, seroit encore, SIRE, une restriction destructive de la liberté. Si un commerçant de Marseille ou de Bordeaux étoit obligé de faire entrer à l'Orient les marchandises qu'il seroit empressé, après un aussi long voyage, de débarquer dans le port le plus voisin de son domicile; si le commerçant forcé, à son arrivée sur les côtes de France, d'entrer dans un des ports du Royaume pour réparer les dommages & les fatigues inséparables d'un voyage de long cours, se trouvoit obligé de sortir de ce port pour se rendre à l'Orient; si ce négociant débarqué à l'Orient étoit contraint d'attendre une vente publique, qui sembleroit être le seul objet pour lequel on le forceroit de s'y rendre, & de conserver son navire & tout son équipage en attendant cette vente, dont il supporteroit une partie des frais; ce seroit autant d'accroissemens de dépenses considérables en pure perte, qui augmenteroient le prix de la marchandise, & que le commerçant feroit payer au consommateur. Ce seroit donc, SIRE, faire porter à l'État un impôt, éloigner l'Étranger, & causer une incommodité gênante, seule capable de détourner le commerçant des entreprises qu'il voudroit faire.

L'obligation imposée au commerçant par l'Article VII de l'Arrêt du Conseil, de ne faire ses armemens que dans le port de l'Orient & dans ceux permis pour le commerce des Colonies, feroit encore, SIRE, une gêne du même genre, également contraire à la liberté. Si les particuliers pouvoient faire librement le commerce, il feroit conséquent qu'ils pussent faire leur embarquement dans tel port du Royaume qu'ils jugeroient à propos. Toute espéce de déplacement involontaire, soit pour les navires, soit pour les marchandises, ne pourroit être qu'onéreuse au commerce, & auroit pour effet une augmentation de prix sur les marchandises nationales qu'on voudroit porter aux Indes, &, par une conséquence nécessaire, une diminution de bénéfice sur les marchandises des Indes qu'on voudroit faire entrer dans le Royaume.

Votre Parlement, SIRE, n'a pas été moins allarmé, de ne trouver dans cet Arrêt du Conseil aucune sûreté donnée aux Intéressés & Actionnaires, sur la propriété des vaisseaux, bâtimens, édifices, & autres effets de la Compagnie. L'affectation avec laquelle on a obmis d'assurer aux propriétaires la libre & entiere disposition de tous ces objets, qui sont les seuls fruits & les foibles restes de leurs avances, de leur commerce, & de leur industrie, allarme vivement les Intéressés sur les conséquences funestes de la forme qui a été prise pour la suspension du privilége.

Votre Parlement, SIRE, doit à VOTRE MAJESTÉ de réclamer avec force contre tout acte qui attaqueroit la propriété qui fait partie de l'existence du citoyen: Soit que cette propriété soit attaquée par une disposition directe, soit qu'elle soit inquiétée par une réticence affectée, la réclamation de Votre Parlement n'en doit pas être moins forte & moins active.

Votre Parlement, SIRE, ne cessera de représenter à VOTRE MAJESTÉ, que le citoyen ne pourroit plus reposer avec sécurité à l'ombre des loix même, si sa propriété pouvoit être renversée, ou même altérée par un acte de pouvoir absolu.

VOTRE MAJESTÉ sera très-humblement suppliée, SIRE, de ne point s'écarter des formes anciennes qui tiennent à la constitution & à la stabilité de l'État: l'observation exacte des loix sera toujours l'objet de la plus instante supplication de Votre Parlement, & le gage le plus assuré du respect, des hommages, & de la fidélité des peuples envers leur Souverain.

RÉPONSE DU ROI AU PARLEMENT,

Du 3 *Septembre* 1769.

J'AI été obligé de suspendre l'exercice du privilége de la Compagnie, par l'impossibilité où elle est de continuer son commerce & d'approvisionner les Colonies des Isles de France & de Bourbon ; mon Parlement auroit dû s'en rapporter à l'examen que j'en avois fait faire dans mon Conseil : Le compte que mon Parlement s'est fait rendre dans l'assemblée du 21 Août, a dû le convaincre de la nécessité des mesures que j'ai jugé devoir prendre.

Je fixerai sans délai les droits qui seront perçus sur les marchandises de l'Inde. Il est juste que le commerçant supporte, à la décharge de mes autres sujets, une portion des dépenses d'un commerce, dont il retirera plus qu'aucun autre le bénéfice. J'ordonnerai la plus grande économie possible sur ces dépenses.

Les Représentations de mon Parlement sur l'Article IV de l'Arrêt de mon Conseil, concourrent avec les vûes qui m'ont déjà été présentées par plusieurs Commerçans ; je statuerai incessamment sur cet objet. Je verrai toujours avec satisfaction mon Parlement adopter les principes les plus favorables à la liberté du commerce.

Les dispositions de l'Arrêt de mon Conseil n'attaquent en rien les propriétés des Actionnaires ; aussi-tôt que je me serai fait rendre compte des Mémoires & Observations que doivent me présenter leurs Députés, je prendrai les moyens nécessaires pour assurer aux créanciers de la Compagnie l'acquittement des engagemens qu'elle a contractés, & aux Actionnaires la jouissance de ce qui leur appartient.

Je ferai connoître mes volontés sur le tout à mon Parlement, en la forme ordinaire, à la rentrée de ses Séances.

Du Lundi 4 Septembre 1769, aux Chambres assemblées.

LECTURE faite par M. le Premier Président des Représentations & de la Réponse du Roi :

LA COUR a arrêté qu'il sera fait Registre de la Réponse du Roi.

ARREST
DU CONSEIL D'ÉTAT
DU ROI,

Portant réglement pour le Commerce de l'Inde.

Du 6 Septembre 1769.

Extrait des Regiſtres du Conſeil d'État.

LE ROI s'étant fait repréſenter, en ſon Conſeil, l'Arrêt rendu en icelui le 13 Août dernier, par lequel Sa Majeſté a ſuſpendu l'exercice du privilége excluſif de la Compagnie des Indes; permis à tous ſes ſujets de négocier librement dans les différentes parties de l'Inde, à la Chine, & dans les mers au-delà du Cap de Bonne-eſpérance, & s'eſt réſervé de pourvoir aux réglemens qui feroient jugés convenables pour l'adminiſtration de ce commerce, & de fixer les droits auxquels leſdites marchandiſes des Iſles de France & de Bourbon, de l'Inde & de la Chine feroient aſſujetties à l'entrée du Royaume: Sa Majeſté s'étant auſſi fait rendre compte des repréſentations qui lui ont été faites, ſur les reſtrictions que les diſpoſitions de l'Article IV dudit Arrêt du 13 Août dernier, pourroient apporter à la liberté de faire ce commerce; & voulant, pour que tous ſes ſujets indiſtinctement puiſſent y participer, diſpenſer des formalités portées par ledit Article, en ſorte que les paſſeports néceſſaires pour la ſûreté des navigateurs dans l'Inde, ſoient accordés gratuitement & ſans délai à tous ceux qui les demanderont: Sa Majeſté voulant en même tems donner à la ville de l'Orient des marques de ſa protection, & y faciliter les armemens pour l'Inde, en accordant à tous ceux qui y armeront, la jouiſſance des priviléges & exemptions de droits qui ont été accordés ci-devant à la Compagnie des Indes, ſur les marchandiſes & effets propres aux armemens. A quoi voulant pourvoir: Ouï le rapport du ſieur Maynon d'Invau, Conſeiller ordinaire, & au Conſeil royal, Contrôleur général des Finances; LE ROI ÉTANT EN SON CONSEIL, a ordonné & ordonne ce qui ſuit:

ARTICLE PREMIER.

Les Adminiſtrateurs de la Compagnie des Indes délivreront gratuitement aux Armateurs pour l'Inde & pour les mers au-delà du Cap de Bonne-eſpérance, des paſſeports qui contiendront les noms des Armateurs, des Capitaines & des Vaiſſeaux, le port en tonneaux, les lieux d'où ils devront être expédiés, & ceux de leur premiere deſtination; leſquels paſſeports ſeront expédiés promptement, ſur la demande des Négocians ou Armateurs, ſans pouvoir être refuſés, ſous aucun prétexte, & ſans être aſſujettis à aucune formalité : Sa Majeſté dérogeant à cet égard aux diſpoſitions de l'Article IV dudit Arrêt du Conſeil du 13 Août dernier.

II.

Les Capitaines deſdits vaiſſeaux ſeront tenus de repréſenter leſdits paſſeports au Commandant des Iſles de France & de Bourbon, & aux Conſeils & Employés des différens comptoirs où ils relâcheront; leſquels ſeront tenus de leur prêter tout ſecours & protection : Pourront en vertu deſdits paſſeports, naviguer dans toutes les mers, & commercer ſur toutes les côtes, & dans tous les pays au-delà du Cap de Bonne-eſpérance, aux mêmes droits & priviléges dont ont joui les vaiſſeaux de la Compagnie, ſans pouvoir être troublés ni retenus dans leur navigation, ſous quelque prétexte que ce ſoit.

III.

Il ſera fait dans les vingt-quatre heures de l'arrivée en France, déclaration exacte & conforme aux Ordonnances & Réglemens, au Bureau des Fermes, de toutes les marchandiſes qui ſeront apportées de l'Inde & de la Chine à l'Orient, par les vaiſſeaux & pour compte des particuliers: leſdites marchandiſes ſeront viſitées & vérifiées, & ſeront entrepoſées dans les magaſins dudit port de l'Orient.

IV.

Celles deſdites marchandiſes, dont la conſommation dans le Royaume eſt prohibée, ſeront dépoſées, comme ci-devant, dans un magaſin particulier fermé à deux différentes clefs, dont l'une demeurera ès mains du prépoſé de l'Adjudicataire des Fermes, & l'autre en celles du prépoſé des Armateurs ou de leurs commiſſionnaires.

V.

Toutes les marchandiſes provenant du commerce de l'Inde, jouiront de ſix mois d'entrepôt dans le port de l'Orient; celles deſtinées pour la conſommation du Royaume, payeront les droits ci-devant dûs ſuivant les réglemens ; celles deſtinées pour l'Étranger ſeront exemptes deſdits droits, & payeront ſeulement ceux d'indult, portés par l'Article IX du préſent Arrêt. Les marchandiſes permiſes continueront de jouir du tranſit par terre comme par le paſſé ; celles prohibées, ainſi que les toiles peintes ou imprimées, toiles de coton blanches, mouſſelines, mouchoirs & baſins, ne pourront être tranſportées que par mer à l'Étranger.

V I.

Les toiles de coton blanches, mousselines, mouchoirs & basins, continueront d'être plombés & marqués des plombs & bulletins de ladite Compagnie.

V I I.

Les marchandises provenant dudit commerce, pourront être envoyées de l'Orient à Nantes, & y jouir du même entrepôt de six mois, à compter du jour qu'elles auront été transportées de l'Orient. Le transport des marchandises prohibées & des toiles peintes, toiles de coton, mousselines, mouchoirs & basins, ne pourra être fait dudit port de l'Orient à celui de Nantes, que par mer, ainsi que le transport de Nantes à l'Étranger. A l'égard des autres especes de marchandises, elles pourront être conduites de l'Orient à Nantes, & sortir de Nantes à l'Étranger, tant par mer que par terre, à la charge d'observer les formalités prescrites par les réglemens en pareil cas.

V I I I.

Les marchandises ne pourront sortir desdits entrepôts, sans qu'il en ait été préalablement fait déclaration. Il sera libre aux préposés de l'Adjudicataire des Fermes, de faire dans le cours des six mois des recensemens dans ces entrepôts, toutes les fois qu'ils le trouveront à propos; celles qui en auront été soustraites, seront saisies, ou la valeur d'icelles, pour en être la confiscation prononcée, avec les amendes portées par les réglemens.

I X.

Toutes les marchandises provenant du commerce de l'Inde & de Chine, seront assujetties, à l'entrée du Royaume, à un droit d'indult de Cinq pour cent de leur valeur en France; & celles provenant du crû des Isles de France & de Bourbon, à Trois pour cent aussi de leur valeur en France. Lesdits droits seront payés avant que lesdites marchandises puissent sortir des magasins où elles auront été déposées, soit qu'elles soient destinées pour passer à l'Étranger, ou pour la consommation du Royaume.

X.

Les propriétaires desdites marchandises pourront les vendre ou en disposer lors & ainsi que bon leur semblera, soit par vente particuliere, soit par vente publique, qui pourront être indiquées par affiches dans la forme & aux conditions dont ils conviendront entre eux.

X I.

Tous les effets, denrées & marchandises destinés pour le port de l'Orient, continueront de jouir des exemptions portées par l'Article XLIII de l'Édit d'Août 1764, & par les Articles XVI, XVII & XVIII des Lettres-patentes du mois de Mars 1696, ainsi & de la même maniere qu'en a joui la Compagnie des Indes. L'Arrêt du Conseil du 13 Août dernier sera au surplus exécuté en toutes ses dispositions, auxquelles il n'est dérogé par le présent Arrêt. Fait au Conseil d'État du Roi, Sa Majesté y étant, tenu à Versailles le six Septembre mil sept cent soixante-neuf. *Signé*, Phelypeaux.

www.ingramcontent.com/pod-product-compliance
Ingram Content Group UK Ltd.
Pitfield, Milton Keynes, MK11 3LW, UK
UKHW020451220726
13923UKWH00005B/2469

9 782019 310776